"सपनों का सौदागर"

डायरेक्ट सेलिंग की प्रेरक काव्य यात्रा

Pawan Kumar Pandey

BookLeaf Publishing
India | USA | UK

Made with ❤ on the BookLeaf Publishing Platform
www.bookleafpub.in
www.bookleafpub.com

Dedication

"सपनों का सौदागर"-
डायरेक्ट सेलिंग इंडस्ट्री की प्रेरक काव्य यात्रा

समर्पण
उन सभी साहसी सपने देखने वालों को,

जिन्होंने समाज की आलोचनाओं के बावजूद,
डायरेक्ट सेलिंग इंडस्ट्री को अपना मार्ग चुना।

उन माताओं और महिलाओं को,

जिन्होंने घर की चारदीवारी से निकलकर,
अपनी पहचान बनाने का साहस किया।

उन युवाओं को,

जिन्होंने परंपरागत नौकरी की सुरक्षा छोड़कर,
उद्यमिता का जोखिम उठाया।

उन नेताओं को,

जिन्होंने सिर्फ खुद नहीं बढ़े,
बल्कि हजारों को आगे बढ़ने का रास्ता दिखाया।

और उन सभी को,

जो अभी भी संघर्ष कर रहे हैं,
लेकिन हार नहीं मानी है।

यह संकलन आप सभी के साहस, संघर्ष और सफलता को समर्पित है।

Preface

प्राक्कथन

प्रिय पाठकों/शुभचिंतकों,

आपके हाथों में जो पुस्तक है, वह केवल कविताओं का संग्रह नहीं है। यह Direct Selling उद्योग में लाखों लोगों के सपनों, संघर्षों, और सफलताओं की काव्यात्मक अभिव्यक्ति है। यह उन भावनाओं को शब्दों में पिरोने का प्रयास है, जो हर Direct Seller अपनी यात्रा में अनुभव करता है।

जब मैंने पहली बार Direct Selling की दुनिया में कदम रखा, तो मैं भी उन्हीं सवालों, शंकाओं और डर से घिरा था, जो शायद आप भी महसूस करते हैं। "क्या यह सही निर्णय है?", "लोग क्या कहेंगे?", "क्या मैं सफल हो पाऊंगा?" - ये प्रश्न मेरे मन में भी थे।

लेकिन इस यात्रा ने मुझे सिर्फ एक व्यवसाय नहीं दिया, बल्कि एक नया जीवन दर्शन दिया। यहाँ मैंने सीखा कि असफलता अंत नहीं, बल्कि एक नई शुरुआत है। यहाँ मैंने समझा कि अकेले चलने से बेहतर है साथ चलना। यहाँ मैंने महसूस किया कि सच्ची सफलता वह है, जो दूसरों को भी सफल बनाए।

इन 21 कविताओं में मैंने Direct Selling की विभिन्न अवस्थाओं को समेटने का प्रयास किया है:

शुरुआती संशय और डर - जब हम पहली बार इस क्षेत्र में आते हैं

समाज का विरोध - जब लोग हमारे निर्णय पर सवाल उठाते हैं

संघर्ष के दिन - जब रिजेक्शन मिलती है और मन टूटता है

टीम की ताकत - जब हम समझते हैं कि साथ में आगे बढ़ना कितना जरूरी है

छोटी-छोटी जीत - जब पहली सफलता मिलती है

आत्म-विश्वास का निर्माण - जब हम खुद को पहचानने लगते हैं
नेतृत्व का विकास - जब हम दूसरों को रास्ता दिखाने लगते हैं
वित्तीय स्वतंत्रता - जब सपने साकार होने लगते हैं
और अंततः, परिवर्तन - जब हम समझते हैं कि हम वह नहीं रहे जो पहले थे

यह पुस्तक उन लोगों के लिए है जो:
Direct Selling में नए हैं और प्रेरणा की तलाश में हैं
संघर्ष कर रहे हैं और हिम्मत की जरूरत है
सफल हो चुके हैं और अपनी यात्रा को याद करना चाहते हैं
इस उद्योग को समझना चाहते हैं

मेरा विश्वास है कि इन कविताओं में आप अपनी कहानी देखेंगे, अपने संघर्ष को पहचानेंगे, और नई ऊर्जा पाएंगे।

Direct Selling सिर्फ एक व्यवसाय नहीं है - यह एक जीवन शैली है, एक आंदोलन है, और एक परिवर्तन का माध्यम है। यह उन लोगों के लिए अवसर है जो अपनी किस्मत खुद लिखना चाहते हैं।

हर कविता एक भावना है, हर पंक्ति एक अनुभव है, और हर शब्द एक सत्य है। मैं आशा करता हूँ कि जब आप इन पंक्तियों को पढ़ेंगे, तो आपको लगेगा कि यह आपकी अपनी कहानी है।

याद रखिए:
आप अकेले नहीं हैं
आपका संघर्ष व्यर्थ नहीं है
आपके सपने असंभव नहीं हैं
और आप जितना सोचते हैं, उससे कहीं ज्यादा सक्षम हैं

तो आइए, इस काव्य यात्रा पर चलें, जहाँ हर पंक्ति में प्रेरणा है, हर कविता में एक संदेश है, और हर शब्द में आशा की किरण है।

आपकी सफलता की कामना के साथ,

आपका

पवन कुमार पाण्डेय
डायरेक्ट सेलिंग प्रोफेशनल ,
मल्टीप्रेन्योर ब्रांड फाउंडर "एमपावर विथ पवन पाण्डेय"
लेखक/कवि
स्थान: अयोध्याधाम (उत्तर प्रदेश)
दिनांक 21/11/2025

"सपने वो नहीं जो नींद में आएं,
सपने वो हैं जो सोने नहीं देते।"
- डॉ. एपीजे अब्दुल कलाम

Acknowledgements

आभार

यह पुस्तक अनेक लोगों के सहयोग, प्रेरणा और आशीर्वाद का परिणाम है। मैं तहे दिल से आभारी हूँ:

सर्वप्रथम, ईश्वर का आभार,
जिसने मुझे यह प्रतिभा दी, और Direct Selling के माध्यम से अपना जीवन और दूसरों का जीवन बदलने का अवसर दिया।

अपने माता-पिता का आभार,
जिन्होंने मेरे हर निर्णय में, चाहे वह कितना भी अपरंपरागत क्यों न हो, मेरा साथ दिया। उनके विश्वास ने मुझे कभी हिम्मत हारने नहीं दी।

अपनी जीवनसाथी श्वेता त्रिपाठी एवं परिवार का विशेष आभार,
जिन्होंने मेरे व्यस्त शेड्यूल, देर रात की meetings, और weekend trainings को समझा। आपके धैर्य और समर्थन के बिना यह सफर संभव नहीं था।

अपने Upline श्री नवल किशोर मिश्र जी और मेंटर्स और प्रेरणास्रोत डॉक्टर हान गिल पार्क सर, डॉक्टर अब्राहम ली , राहुल कोकड़वार, जैकब बोबन का हृदय से आभा,
जिन्होंने न केवल बिज़नेस सिखाया, बल्कि जीवन जीने की कला सिखाई। आपने मुझमें वह क्षमता देखी जो मैं खुद नहीं देख पाता था। आपके मार्गदर्शन ने मुझे वह बनाया जो मैं आज हूँ।

अपनी प्यारी Team और Downline लीडर सुश्री श्वेता मिश्रा,डॉक्टर विवेक राय, रेनू पाण्डेय, हर्षित रस्तोगी, मीनाक्षी त्रिपाठी, डॉक्टर राजीव त्रिपाठी,मंदाकिनी सिंह, स्मृति सिंह, पुष्पा राय, रचना शर्मा,सत्य लता , क्रॉस लाइन लीडर्स का धन्यवाद,
आप सभी मेरी असली प्रेरणा हैं। आपकी मेहनत, समर्पण और सफलता देखकर मुझे ये कविताएं लिखने की प्रेरणा मिली। आप सभी के बिना यह पुस्तक अधूरी है।

उन सभी Customers और Partners का आभार,
जिन्होंने मुझ पर विश्वास किया, भले ही मैं शुरुआत में अनुभवहीन था। आपके विश्वास ने मुझे आगे बढ़ने की ताकत दी।

अपनी Company और उसके Leadership का आभार,
जिसने एक ऐसा प्लेटफॉर्म दिया जहाँ सपने साकार हो सकते हैं। आपकी Integrity, Product quality, और Support system ने इस व्यवसाय को सम्मानजनक बनाया।

उन सभी का धन्यवाद जिन्होंने मुझे 'ना' कहा,
आपकी हर rejection ने मुझे मजबूत बनाया,आलोचकों का, हर आलोचना ने मुझे बेहतर बनाया। आप सभी ने अनजाने में मुझे सबसे बड़ा उपहार दिया - दृढ़ता।

उन डायरेक्ट सेलिंग इंडस्ट्री के लाखों सफ़ल लीडर्स, लेखक और कवियों का आभार,
जिनकी रचनाओं ने मुझे प्रेरित किया और लिखने का साहस दिया। आपकी कलम ने मेरे भीतर के शब्दों को जगाया।

अपने मित्रों का आभार,
जिन्होंने इस पुस्तक के कंटेंट को पढ़े, फीडबैक दिया, और हमेशा प्रोत्साहित किया। आपकी ईमानदार राय ने इस पुस्तक को बेहतर बनाया।

प्रकाशक और संपादक टीम का धन्यवाद,
जिन्होंने इस पुस्तक को सुंदर रूप दिया और इसे पाठकों तक पहुँचाने में सहयोग किया।

और सबसे महत्वपूर्ण, आपका - प्रिय पाठक,
जिसने इस पुस्तक को पढ़ने के लिए समय निकाला। आपके बिना एक लेखक का अस्तित्व अधूरा है। मैं आशा करता हूँ कि ये पंक्तियाँ आपके जीवन में कुछ सकारात्मक बदलाव लाएंगी।

अंत में, Direct Selling Industry का आभार, जिसने करोड़ों लोगों को सपने देखने, मेहनत करने, और सफल होने का अवसर दिया। यह उद्योग सिर्फ व्यवसाय नहीं, बल्कि जीवन बदलने का माध्यम है।

विनम्र कृतज्ञता सहित,

पवन कुमार पाण्डेय

"कृतज्ञता सबसे बड़ा गुण है,
जो हमें विनम्र और जमीन से जुड़े रखता है।"

सपनों का सौदागर:कविता-1

उत्पाद ही नहीं बेचता मैं,
बेचता हूँ विश्वास की भाषा—
हर शब्द में सजती है सच्चाई,
हर मुस्कान में दिखती है आशा।

हर मुलाक़ात में सपने बुनता हूँ,
लोगों की आँखों में रोशनी जगाता हूँ।
थके मनों में ऊर्जा भरता,
टूटे दिलों में हिम्मत का दिया जलाता हूँ।

कभी डरता था अनजान चेहरों से,
नज़रों में ठहरती थी झिझक पुरानी।
पर आज, आईने में खुद को देखकर
पहचान ली है अपनी ही कहानी।

डायरेक्ट सेलिंग ने एक राह दिखाई,
सीखा दिया—
कि सपनों की उड़ान किसी की मोहताज नहीं,
और मंज़िल तक जाने के लिए
बस खुद पर विश्वास चाहिए कहीं।

आज दिल में हौसला है,
कदमों में नई दिशा की चमक है।
जहाँ कल संकोच का अँधेरा था,
वहाँ आज जीत की दमक है।

आत्मविश्वास की पूँजी लेकर
अपने सपनों का निर्माण किया मैंने।
दिल की ज़मीन पर मेहनत बोई,
और सफलता की फ़सल काटी मैंने।

सपनों का सौदागर बनकर अब
नयी सुबहों को बेचता हूँ मुस्कान में।
किस्मत का ताला भी खुद ही खोला मैंने,
अपनी मेहनत की चाबी से,
विश्वास की जान में।

मैं चलता हूँ अब उस राह पर
जहाँ सपने सच होते जाते हैं।
जहाँ हार भी सीख बनकर
मुझे जीत के रास्ते समझाते हैं।

हाँ—
उत्पाद ही नहीं बेचता मैं,
बेचता हूँ उम्मीदों का उजियारा।
मैं वही हूँ
जिसने डर को हराया,

और बन गया
सपनों का सच्चा सौदागर।

2. अपना बॉस खुदःकविता-2

न छुट्टी माँगनी किसी से,
न किसी का मुँह तकना है,
अब अपने ही दम पर चलना,
खुद से खुद को ही रखना है।
मेहनत की धारा बहती जाए,
सपनों की कश्ती तैरती रहे,
ज़िंदगी के इस नए सफ़र में
हर कदम मेरा, मैं ही कहूँ—ठीक रहे।

नौ से पाँच की बेड़ियाँ जो
बरसों पाँव थामे रहीं,
समय को कर कैद रखा था
उन आदतों ने, जो थकती नहीं।
पर अब तो आज़ादी आन खड़ी है,
नई रोशनी दिल में जल गई,
डायरेक्ट सेलिंग ने अवसर देकर
जीवन की दिशा बदल गई।

अब न बंधन, न कोई सीमा,
न कोई रुकावट साथ चले,

खुद ही रचूँ अपनी मंज़िलें,
खुद ही अपनी राहें ढले।
जितनी मेहनत, उतनी कमाई,
ये नियम सदा दिल को भाए,
जितने सपने दिल में पलें,
उतनी ऊँचाइयाँ मिल जाएँ।

अब भविष्य भी मेरे इरादों में
एक ज्योति बन चमक रहा,
साहस की चिंगारी भीतर
अवसर बनकर दमक रहा।
मंज़िल मेरी हथेली पर है,
भाग्य की रेखाएँ बोल उठीं—
जब मेहनत अपना साथ दे,
तो किस्मत भी कदमों में झुकती है।

हाँ, मैं ही अब अपना स्वामी हूँ,
मैं ही अपनी किस्मत का मूरत हूँ,
"अपना बॉस ख़ुद" बनकर आज
मैं सचमुच जीवन में पूरक हूँ।
हर सुबह नई उमंग लिए
नई उड़ान का संदेश दे,
मैं खुद के सपनों का रक्षक हूँ,
और खुद ही उनका आदेशदे।

यही मेरी शक्ति, यही पहचान—
अपनी राह, अपनी मंज़िल, अपना मान।

अब मैं किसी का मोहताज नहीं,
मैं हूँ मेरा खुद का प्रमाण।

हर कदम एक सीख:कविता-3

हर ना के भीतर छुपी रहती है एक नई हाँ,
हर गिरकर उठने में मिलती है हिम्मत की पहचान।
प्रोडक्ट नॉलेज से शुरू हुआ एक छोटा-सा सफ़र,
लीडरशिप की मंज़िल तक पहुँचाया इसने हर दफ़ा निरंतर।

ट्रेनिंग ने सिखाई प्रस्तुति की प्रभावी शैली,
संचार की बारीकियों में पाई गहरी मन-लीला।
टाइम मैनेजमेंट ने सँवारा जीवन का अनुशासन,
गोल सेटिंग ने दिखाया सपनों तक जाने का साधन।

डायरेक्ट सेलिंग कोई व्यापार नहीं, एक खुला विद्यालय है,
जहाँ जीवन के पाठ सिखाने का निराला कमाल है।
हर कदम में छुपी रहती है सीख की अनमोल चमक,
यही हमें बनाती है बेहतर इंसान, हर पल, हर दम।

गिरकर उठना सिखाःकविता-4

पहले महीने कुछ न बिका,
दूसरे में भी हाथ खाली रहे।
लोग हँसे, रिश्तेदारों ने ताने मारे,
पर मैं अपनी राह पर अडिग खड़े।

तीसरे महीने मिली पहली सफलता,
चौथे में टीम बनने लगी।
इस बिज़नेस ने सिखाया गिरना भी,
और गिरकर फिर उठने की जिद जगी।

आज जब पीछे मुड़कर देखता हूँ,
हर असफलता एक सीढ़ी बनी।
डायरेक्ट सेलिंग ने मुझे फ़ाइटर बनाया—
गिरकर उठना सिखाया,
यही जीत की असली कहानी बनी।

साथी हाथ बढ़ाना:कविता-5

अकेले चलूँ तो कितनी दूर जाऊँ,
संग चलें तो मंज़िल भी संग आए।
टीम की ताकत से बढ़कर दुनिया में,
कोई और शक्ति न नज़र आए।

एक–दूसरे का सहारा बनकर,
मिलकर सपनों को आकार दें।
डाउनलाइन की हर सफलता में,
अपनी जीत की नींव उतार दें।

साथी, हाथ बढ़ाना—यही है
डायरेक्ट सेलिंग का असली आधार।
टीमवर्क से ड्रीमवर्क बनता,
यही व्यवसाय का सुंदर श्रृंगार।

विश्वास की डोर:कविता-6

कस्टमर से रिश्ता बनाना ही हमारा असली धर्म है,
सिर्फ़ सौदा करके लौट जाना कोई सफलता का मर्म नहीं।
दिलों में जगह बन जाए जब,
तो व्यापार भी आशीर्वाद सा बहता—
वही पहचान, वही असली कर्म है।

हमारा उद्देश्य सिर्फ़ बेचना नहीं,
हम तो रिश्तों के बाग़ में भरोसे का फूल खिलाते हैं।
मुस्कानों की फसल उगाकर
हर मिलने वाले को अपनापन दे जाते हैं;
क्योंकि जो दिल जीत लेता है—
वही बाज़ार में अपना नाम अमिट कर जाता है।

प्रोडक्ट की क्वालिटी हो इतनी दमदार
कि इस्तेमाल करते हुए ग्राहक को गर्व हो जाए।
सेवा में हो इतनी सच्चाई और समर्पण
कि एक बार मिलकर बार-बार मिलने की चाह जग जाए।
जब दिल से सेवा दी जाए,
तो हर शिकायत धन्यवाद में बदल जाती है—
और यही तो असली सफलता कहलाती है।

संतुष्टि को रखें हमेशा सर्वोपरि,
क्योंकि यही हर रिश्ते की नींव होती है।
व्यापार की पुस्तक में सबसे चमकदार पन्ना
ग्राहक के भरोसे की लिखित रज़ामंदी होती है।
सच्चाई की यह लड़ी
समय के साथ मोती जोड़ती जाती है–
और इन मोतियों से ही प्रतिष्ठा की माला बनती है।

एक संतुष्ट ग्राहक जब आगे बढ़कर धन्यवाद करता है,
तो वह अकेला नहीं आता–
दस और दिल साथ लाता है।
बिना शोर, बिना प्रचार
विश्वास की सुगंध हर दिशा में फैल जाती है।
यही फैलती खुशबू
व्यापार को नई उड़ान, नया आकार देती है।

इसलिए थामे रखो "विश्वास की डोर" हमेशा–
ना टूटे, ना ढीली पड़े कभी।
यही सफलता का सच्चा आधार है,
यही प्रगति का स्थायी ठौर है।
धन से बड़ा होता है संबंध,
और लाभ से बड़ा होता है विश्वास–
जो इसे समझ लेता है,
वही ग्राहक के दिल में अमर हो जाता है।

. परिवार से बड़ा परिवार:कविता-7

खून के रिश्ते तो जन्म से ही साथ चले आते हैं,
पर यहाँ कदम रखा तो मिला एक नया उजला संसार।
जहाँ न कोई पराया, न कोई दूरी–
बस मुस्कानों की सौगात और अपनत्व का उपहार।

एक–दूसरे की खुशियों में खिलखिलाहटें बढ़ जाती हैं,
जैसे परिवार का आँगन फिर से महक उठता हो।
और जब कभी छाए दुखों के बादल,
तो यहाँ दिल से दिल जुड़कर एक–दूजे का भार उठाता हो।

कन्वेंशन में जब सब एक साथ जुटते हैं,
तो मानो ऊर्जा का समुद्र उमड़ पड़ता है।
हर गूँजता तालियाँ देता प्रेरणा,
और हर मुस्कान किसी सपने को पंख धरता है।

अपलाइन सिर्फ़ मार्गदर्शक नहीं,
बल्कि दीपक हैं–राह दिखाते, अज्ञान हटाते।
हर मोड़ पर हाथ थामकर कहते–
“डरो मत, चलो, तुम मंज़िल तक जा सकते हो।”

और डाउनलाइन?
वे साथी नहीं, बल्कि कंधे से कंधा मिलाकर
चलने वाले कदमों की वह धुन हैं,
जो साथ चले तो सफलता का गीत बन जाती है।
हर जीत, हर सीख, हर चुनौती–
सब मिलकर पार करते हैं,
क्योंकि यहाँ अकेला कोई नहीं होता
हर कदम पर हाथ थामने वाले दोस्त होते हैं।

डायरेक्ट सेलिंग का यह परिवार
सचमुच परिवार से बड़ा परिवार है।
जहाँ रिश्ते लक्ष्य से नहीं दिल से बनते हैं,
और सहयोग किसी शर्त का मोहताज नहीं होता–
यही इसकी पहचान है, यही इसका प्यार है।

यही वह दुनिया है
जहाँ सपने सिर्फ़ देखे नहीं जाते,
बल्कि पूरे भी किए जाते हैं
क्योंकि साथ देने वाला यह परिवार
हर सपने में विश्वास की नींव बाँध देता है।

या यूं कहें

खून के रिश्ते संग थे चलकर,
मिला यहाँ अब नया जहाँ।
हँसी बाँटते हर सुख में मिलकर,

दुख में देते दिल का मान।

कन्वेंशन की भीड़ में आकर,
उमंगों ने फिर रंग जमाए।
प्रेम बढ़ा सबका मिल–बैठक से,
मोटिवेशन के दीप जलाए।

अपलाइन राह दिखाए आगे,
ज्ञान की जो ज्योत जगा दे।
डाउनलाइन संग कंधे मिलाकर,
संकट हर पल दूर भगाए।

डायरेक्ट सेलिंग परिवार हमारा,
परिवारों से बड़ा महान।
सहयोग यहाँ मिलता हरदम,
यही पहचान, यही सम्मान।

सपनों को पंख यहाँ मिलते,
विश्वासों का भरता ज्ञान।
रिश्तों की यह नींव अनोखी–
यही प्रेम का सच्चा स्थान।

मिलकर चलेंःकविता-8

लीडर बनना यूँ ही कोई साधारण बात नहीं,
यहाँ सीखा—हर कदम पर जिम्मेदारी निभाना है।
सिर्फ़ आगे बढ़ना ही नेतृत्व नहीं,
फ़ॉलोअर को भी लीडर बनाने का हुनर अपनाना है।

टीम के हर सदस्य में है एक अनकही चमक,
बस उसे पहचान कर जगाना सीखा।
कभी शब्दों से, कभी अपने कर्मों से,
हमने टीम को मोटिवेट करना और
उनके सपनों को पंख लगाना सीखा।

यह खेल है ड्यूप्लिकेशन का—
जो सीखो वही आगे बढ़ाने का प्रण निभाना होगा।
कदम-कदम पर ज्ञान की रोशनी बाँटकर,
अपनी डाउनलाइन को मज़बूत बनाना होगा।
क्योंकि मजबूत नींव ही तो आकाश चूमने देती है,
ऊँचाई पर तभी जाना होगा।

डाउनलाइन—सच में एक लाइफ़लाइन है,
जो व्यवसाय के हृदय में साँसों-सी बहती है।

वे आगे बढ़ें—तो हम बढ़ें,
हम आगे बढ़ें—तो वे,
इसी तालमेल में पूरी टीम,
एक-दूसरे का हाथ थामे चलती है।

टीम की सफलता में ही मेरी खुशी बसती है,
उनकी उपलब्धि ही मेरा आत्मविश्वास बढ़ाती है।
कर्म का यही सुंदर सूत्र जीवन में अपनाना है—
"मेरी नहीं, हमारी सफलता ही जग में पहचान बनाना है।"

इंडस्ट्री हो, कंपनी हो, अपलाइन या लाइफ़लाइन,
क्रॉस लाइन भी—सबका सम्मान हमारा कर्तव्य है।
सहयोग की डोर मज़बूत हो जब,
तभी हर चुनौती आसान, हर सफ़र सुपथ्य है।

क्योंकि सच यही है,
"We is Better than I",
साथ चलें तो राहें सरल होती हैं,
मिलकर चलें तो मंज़िलें भी करीब होती हैं।

आओ—एक हो जाएँ, साथ कदम बढ़ाएँ,
मिलकर सीखें, मिलकर जीएँ, मिलकर आगे बढ़ जाएँ।
एकता की शक्ति से सपनों का दीप जलाएँ,
और इस संसार को अपनी सफलता की रोशनी से सजाएँ।

चलो मिलकर चलें...
सपनों से हकीकत की ओर।

समाज की नज़रें:कविता-9

"नेटवर्क मार्केटिंग? यह तो फ्रॉड है!"
"पिरामिड स्कीम है, दूर भाग जाओ!"
लोगों ने ताने मारे ऐसे,
मानो कोई बड़ा गुनाह कर आए हो।

पर मैंने उनकी बातें न मानी,
अपने कर्म पर ध्यान जमाए रखा।
आज जब सफलता संग खड़ी है,
वही लोग पूछें—"राज़ क्या रखा?"

समाज की नज़रें तभी बदलती हैं,
जब परिणाम सामने आ जाते हैं।
डायरेक्ट सेलिंग एक सच्चा व्यवसाय है,
सरकार भी अब इंडस्ट्री को मान्यता दिलवाते हैं।

बस सही ढंग से समझाना पड़ता है,
सही जानकारी से राह बनती है।
एक कहावत भी मशहूर हुई—
"समझ गए तो पैसा ही पैसा, नहीं तो ज़िंदगी पहले जैसी ही रहती है।"

एक दिन ऐसा भी आएगा,
जब इंडस्ट्री का रेगुलेटर तैयार होगा।
हर कॉलेज–यूनिवर्सिटी में
डायरेक्ट सेलिंग की डिग्री होगी,
और पी. एच. डी. के लिए भी
लंबी लाइन—में एडमिशन का इंतज़ार होगा।

‘ना’ की दीवार:कविता-10

दस दरवाज़े खटखटाए,
नौ जगहों से ना मिली।
पर दसवें दरवाज़े पर जाकर,
हाँ की मीठी धुन सुनाई पड़ी।

रिजेक्शन कभी सबसे बड़ा डर था,
पर अब वह आदत-सी बन गई।
हर ना मुझे हाँ के और करीब लाती,
"NO मतलब Next Opportunity"–
यह समझ अब भीतर घर कर गई।

‘ना’ की दीवार को तोड़ना सीखा,
काउंसलिंग की, राह दिखा दी।
फिर उन्हीं लोगों ने आगे बढ़कर
इस इंडस्ट्री में अपनी जगह बना ली।

डायरेक्ट सेलिंग ने दी मानसिक मजबूती,
अब कोई रिजेक्शन भय नहीं जगाती।
“टाइम नहीं... पैसा नहीं... महंगा है...
सेल्स–मार्केटिंग में इंट्रेस्ट नहीं...”

कहने वालों को अब सफलता
ख़ूब तालियाँ बजवाती।

जिसने समझा कि जीवन संघर्ष है,
और सीखना ही जीवन का सार है,
वही आज हर घर में
बीमारी और बेरोज़गारी दोनों को
दूर भगाने का आधार है।

संशय के बादल:कविता-11

शुरुआत में मन में था डर,
"क्या होगा अगर फ़ेल हो गया?"
"लोग क्या कहेंगे मुझको?"
"कंपनी कहीं डूब गई तो क्या?"

संशय के बादल चारों ओर थे,
पर हिम्मत से एक कदम बढ़ाया।
फिर दूसरा, फिर तीसरा आगे बढ़कर,
धीरे–धीरे अपना रास्ता पाया।

आज जब पीछे मुड़कर देखता हूँ,
सारे संशय के बादल छँट चुके हैं।
एक्शन ने मिटा दिया हर डर,
कन्सिस्टेंसी ने कदम मज़बूत किए हैं।

एक्टिव अपलाइन की सही दिशा ने
फोकस मेरा और बढ़ाया है।
ज़ीरो से शुरू हुआ सफ़र
शिखर तक जाने का सपना सजाया है।

लाइफ़ सिनेरियो के ब्लूप्रिंट ने
मंज़िल को आसान बना दिया है।
864 सिस्टम की ठोस समझ ने
"दृढ़ निश्चय" को और पक्का कर दिया है।

अब तो बस सबको साथ लेकर
लगातार आगे बढ़ते जाना है।
बढ़ते जाना है...
बस बढ़ते ही जाना है।

धैर्य की परीक्षा:कविता-12

तुरंत परिणामों की नहीं है यह दुनिया,
धैर्य और दृढ़ता चाहिए।
रातों–रात अमीर नहीं बनते लोग,
ना ही किसी शॉर्टकट से मंज़िल मिलती–
बस निरंतर प्रयास चाहिए।

छः महीने, साल भर भी लगता है
एक मजबूत नींव जमाने में।
फिर जब चक्रवृद्धि लग जाती है,
घातीय वृद्धि दिखती है
हर कदम को आज़माने में।

धैर्य की कठिन परीक्षा देनी पड़ती है,
पर जो टिकते हैं, वही जीतते हैं।
डायरेक्ट सेलिंग कोई दौड़ नहीं–
यह एक मैराथन है।
बहुत तेज नहीं,
संतुलन के साथ चलना है–
यह बात समझनी होती है।

इंडस्ट्री, कंपनी और सिस्टम के सिद्धांत,
इन्हें समझना और पालन करना है।
अगर न किया पालन,
तो सिस्टम आपका ही हो जाएगा हैंग,
और S.M.A.R.T. लक्ष्य नहीं रखा तो सपनों की
बज जाएगी पूरी बैंड।

13. मंज़िल मिली आखिर:कविता-13

सालों की मेहनत रंग लाई,
कदम-कदम पर जीतें आईं।
पैसा, पद, प्रतिष्ठा, सम्मान,
सबने अपनी राह दिखाई।

स्टेज पे जब खड़े हम हुए,
हाथों में अवॉर्ड चमक गया।
तालियों की वो गूँज सुनकर,
जीवन भर का हौसला मिल गया।

अपनों के सपनों को लेकर,
अपने सपनों संग चलना है।
अब यह जिद है मन के भीतर,
हर लक्ष्य को सच करना है।

सपने वही जो नींद उड़ाएँ,
ऊँचाइयों तक साथ ले जाएँ।
मंज़िल भले ही मिल गई हो,
पर रुकना अब हमें न भाए।

नए लक्ष्य बुलाते आगे,
नई उड़ानें बाकी हैं।
डायरेक्ट सेलिंग की राहों में,
संभावनाएँ अनगिनती हैं।

प्रगति धीमी ही क्यों न हो,
पर चलना है लगातार।
सफलता तो एटीट्यूड से मिलती,
बस हौसला रखना अपार।

आज़ादी की उड़ान:कविता-14

ईएमआई का बोझ नहीं अब,
तनाव का बादल छँट गया।
आर्थिक दबावों की बेड़ियों से,
मन आखिरकार मुक्त हुआ।

पैसिव इनकम की मधुर धारा,
हर दिन नई ऊर्जा लाती है।
समय और पैसा साथ मिलें तो,
ज़िंदगी सुंदर बन जाती है।

छुट्टियों में भी इनकम आती,
बिज़नेस अपने मोड पे चलता।
रेजिडुअल आय का यह जादू,
जीवन का हर रंग बदलता।

आज़ादी की उड़ान भरी हमने,
सपनों को पंख मिलते गए।
वित्तीय स्वतंत्रता के क्षितिज पर,
कदम मज़बूत बढ़ते गए।

डायरेक्ट सेलिंग की इस राह में,
मिलता है सम्मान और पहचान।
अब जीवन अपनी ही शर्तों पर,
जीने की मिली नई उड़ान।

पहचान अपनी:कविता-15

भीड़ में था एक चेहरा मैं,
अब अपनी पहचान बनी।
समाज में सम्मान मिला है,
आत्म–गरिमा और बढ़ चली।

सेल्स मास्टर की पहली सीढ़ी,
फिर ऑटो सेल्स मास्टर का मान।
डायमंड मास्टर बनते-बनते,
खुल गए नई उड़ानों के द्वार।

पर मन जानता है सच्चाई,
कि पद से पहचान नहीं होती।
असली पहचान तो मिलती है,
जब खुद पर आस्था होती।

डायरेक्ट सेलिंग ने ये सिखाया,
आत्म-सम्मान ही सबसे बड़ा।
अपनी राह खुद बनानी है,
किसी सहारे की क्या जरूरत अब रहा।

सोच मेरी कहती कुछ अलग बनो,
भीड़ में यों ही खोना नहीं।
खुश रहने की सलाह न देना,
बल्कि किसी की खुशी की वजह बनो वही।

लीडर बन गए हम:कविता-16

कभी था मैं भी फ़ॉलोअर,
दूसरों के इशारों पर चलता था।
हर आदेश मानना पड़ता,
सपनों को मन में ही रखता था।

पर एक दिन हिम्मत जगी,
कुछ अपना कर दिखाना था।
बॉस के शब्दों से आगे बढ़कर,
खुद अपना रास्ता बनाना था।

धीरे-धीरे सीख लिया मैंने,
लीडरशिप का पूरा सार।
विजन बनाना, दिशा दिखाना,
रणनीति का गढ़ना व्यवहार।

टीम को जोड़े रखना कैसे,
ये हुनर भी आज आ गया।
मोटिवेशन की ज्योति जगाना,
हर कठिनाई में ताक़त बन जाना।

समस्याओं का हल निकालना,
अब मेरा रोज़ का काम है।
टीम के हर सदस्य के संग,
जीत की ओर बढ़ना आम है।

डायरेक्ट सेलिंग ने मुझे बनाया,
एक प्रेरणा देने वाला इंसान।
जो खुद भी बढ़ता जाए आगे,
और बढ़ाए सबका मान।

आज हज़ारों की राह में,
मैं पथ-प्रदर्शक बनकर खड़ा हूँ।
लीडर बन गए हम आखिर,
ये सफर अभी नया-नया है।

बीमारी हो या बेरोज़गारी,
लड़ाई हमारी जारी है।
सिर्फ खुद नहीं, समाज को भी,
बेहतर दिशा दिलानी है।

नारी शक्ति की मिसालःकविता 17

जो नारी घर की चौखट में ही जीवन को सिमटाती थी,
आज वही अपने सपनों को उड़ान देकर दुनिया अपनाती है।

घर सँभालते–सँभालते अब व्यापार की राह भी चलती है,
बच्चों की पेरेंटिंग संग, टीम बिल्डिंग की बागडोर भी थामती है।

वित्तीय स्वतंत्रता पाकर, मन में नया आत्मविश्वास जगाती है,
अपने निर्णय खुद लेकर जीवन को नई दिशा दिलाती है।

अब पति की आय पर निर्भरता की जंजीर नहीं थामती,
घर की आय बढ़ाकर वह समृद्धि की धारा बहाती।

खुद की एक विशिष्ट पहचान बनाकर समाज में सिर ऊँचा उठाती है,
अन्य महिलाओं में उत्साह भरकर नई ऊर्जा जगाती है।

डायरेक्ट सेलिंग उद्योग ने अवसरों का द्वार खोला है,
नारी शक्ति को पहचान देने का सुंदर रास्ता बोला है।

वह खुद मिसाल बनकर आती है, और राह नई दिखलाती है,
स्वावलंबन की राह चुनकर सपनों को रंगीन बनाती है।

जीवन ने दिया जो दूसरा मौका, उसे सार्थकता देती है,
दूसरों के जीवन में भी मुस्कान की रोशनी फैलाती है।

नारी—वह शक्ति, वह प्रेरणा, जो हर कल को संवार जाती है,
अपने कर्म, साहस और दृढ़ता से नया इतिहास रच जाती है।

घर से करियर तक:कविता-18

किचन की चौखट से लेकर, भव्य कन्वेंशन हॉल तक,
टीम की हर महिला का सफ़र रहा अद्भुत और अनोखा।

विश्वास की एक किरण से, घर बैठे बिज़नेस शुरू किया,
शुरुआत में मुश्किलें आईं, पर हौसले ने हार न लिया।

धीरे–धीरे संघर्षों का पत्थर घिसकर चमक में ढल गया,
आज वही छोटा-सा बीज, एक साम्राज्य बन गया।

वर्क-लाइफ बैलेंस मिला, परिवार भी खुश, आय भी स्थिर,
ज़िम्मेदारियों और सपनों के बीच बन गया सुंदर पुल निर्भर।

सुबह बच्चों को स्कूल भेजती, पति को देती शुभकामनाएँ,
दोपहर घरवालों की सेवा में, प्रेम की मधुर धुनें गूँजाएँ।

सुबह-सुबह अपलाइन से मार्गदर्शन, शाम में Zoom मीटिंग का मंच,
सीख, नेतृत्व और संगत की रोशनी से जीवन बना सशक्त।

डिजिटल मार्केटिंग के सहारे, सपनों में नए रंग भरती,
अपने और अपनी टीम के भविष्य में उजियारा करती।

लचीला है यह काम, यही इसकी सबसे बड़ी खूबी,
घर और करियर के बीच की दूरी अब लगती बहुत रूठी।

डायरेक्ट सेलिंग ने दिया समाधान, जीवन को सही दिशा,
संतुलन और सार्थकता ने भर दी मन में नई आशा।

आज की नारी किसी रानी लक्ष्मीबाई से कम नहीं कही जाती,
जो आर्थिक युग में घर, परिवार, रिश्तों और समाज–
सबमें अपनी शौर्यगाथा लिख जाती।

सकारात्मकता का सफ़र:कविता-19

नेगेटिव सोच की गहरी परछाइयों में,
मन कई बार उलझता, भटकता रहा।
संशय के अँधेरों में घिरा हुआ मैं,
अपने भीतर ही खुद से लड़ता रहा।

लेकिन फिर एक दिन आत्मा ने आवाज़ दी–
“अब और नहीं, एक नई दिशा चुननी होगी।”
इन्हीं शब्दों ने हौसलों को जगा दिया,
और ज़िंदगी को नई सोच देनी होगी।

हर सुबह सूरज की पहली किरण के साथ,
मैंने खुद को सकारात्मकता का वचन दिया।
अफ़र्मेशन की मधुर फुहारों से,
मन का कोना–कोना फिर से खिल गया।

“मैं कर सकता हूँ, मैं ही करूँगा”–
रोज़ खुद को यह मंत्र सुनाना पड़ा।
जहाँ पहले डर खड़ा मुस्कुराता था,
वहाँ अब विश्वास का दीप जलाना पड़ा।

असफलताएँ जब भी राह में आईं,
उन्हें ठोकर नहीं, शिक्षक मान लिया।
हर गिरावट को सीख का मोती समझ,
हर कदम पर अनुभव का फूल चुन लिया।

धीरे-धीरे भीतर एक बदलाव पनपा,
जैसे सूखी धरती को पहली बारिश छू जाए।
जब सोच बदली, नज़र बदली,
तो लगा जैसे मुश्किल भी मुस्कुरा जाए।

सकारात्मकता के इस सुहावने सफ़र ने,
मेरे भीतर शक्ति की लौ जला दी।
डायरेक्ट सेलिंग की राह कठिन सही,
पर इस सोच ने नींव मजबूत बना दी।

अब मन में उजियारा, हौसले में उड़ान,
और कदमों में अटूट विश्वास जागा।
जिन्होंने खुद को भीतर से बदला,
उन्होंने ही हर सपना सच होते देखा।

जीवन में सफलता कोई संयोग नहीं,
यह मन की ऊर्जा का परिणाम है।
जो संघर्ष में भी मुस्कुराना सीख ले,
उसी के हाथ महान कार्यों का अंजाम है।

यदि आप भी अपने भीतर यह रोशनी जलाएँ,

हिम्मत, सकारात्मकता और विश्वास को अपनाएँ,
तो एक दिन डायरेक्ट सेलिंग इंडस्ट्री के आकाश में,
आप सितारे बनकर सबसे उजले नज़र आएँ।

मेहनत रंग लाई: कविता-20

सुबह पाँच बजे उठकर
सपनों को फिर जगाना था,
रात ग्यारह बजे थक जाने पर भी
हौसला नहीं गिराना था।

संभावितों की सूची बनाकर
हर दिन प्रस्तुति देना,
अनुसरण की लय में रहकर
लक्ष्य को निरंतर सींचते रहना।

वीकेंड पर भी न आराम,
प्रशिक्षण का संग निभाना,
पुस्तक पढ़कर, पॉडकास्ट सुनकर
खुद को और निखराना।

सुधार और निखार की राह में
हर पल खुद को ढालते गए,
सीखना ही जब जीवन बन गया
तब कदम निरंतर आगे बढ़ते गए।

यह मेहनत कभी व्यर्थ न गई,
आज उसका मीठा फल मिला है,
कंपाउंड इफेक्ट का जादू
अब जगमग होकर खिला है।

लक्ष्य भी पास खड़े मुस्काते–
"देखो, कर्म ने रंग दिखाया!"
सपनों की राह पकड़ने वालों ने
अंततः सफलता का ताज पाया।

"पहले सीखो, फिर कमाना सीखो,"
क्योंकि सच है– "Learning is Earning."

कल के सपने, आज की मेहनत

कविता-21

आने वाले सुनहरे कल के लिए,
मैं आज बीज बोता हूँ।
भविष्य की मजबूती खातिर,
हर पल मेहनत में खोता हूँ।

सेवानिवृत्ति की योजना अब
अपने आप सँवर रही है,
तीन पीढ़ियों की विरासत भी
धीरे-धीरे उभर रही है।

नई पीढ़ी के सपनों को
मैं आधार दे रहा हूँ,
उनके मजबूत कल की खातिर
आज ही नींव गढ़ रहा हूँ।

डायरेक्ट सेलिंग की शक्ति है,
आज की मेहनत—कल का विश्राम।
सपने देखो ऊँचे-ऊँचे,
और उन्हें सच करने का लो प्रण महान।

समापन

यह डायरेक्ट सेलिंग की यात्रा है,
जहाँ हर कोई जीत सकता है।
जरूरत बस समर्पण की,
निरंतरता, सकारात्मक सोच और व्यवहार की पक्की हाँ है।

मंज़िल अभी दूर नहीं,
बस कदम बढ़ाते जाओ।
डायरेक्ट सेलिंग में अनगिनत संभावनाएँ हैं,
बस खुद पर विश्वास बनाए रखो और आगे बढ़ते जाओ।

www.ingramcontent.com/pod-product-compliance
Lightning Source LLC
LaVergne TN
LVHW011044061026
849535LV00011BA/4065